Impressum
Verlag: BABADADA GmbH, Nedderfeld 112 , 22529 Hamburg
Geschäftsführer / Verlagsleitung: Harald Hof
Druck: Books on Demand GmbH, In de Tarpen 42, 22848 Norderstedt

Imprint
Publisher: BABADADA GmbH, Nedderfeld 112 , 22529 Hamburg, Germany
Managing Director / Publishing direction: Harald Hof
Print: Books on Demand GmbH, In de Tarpen 42, 22848 Norderstedt

sală de clasă
classroom

a împărți
divide

186/2

tablă
board

curte a școlii
school yard

profesor
teacher

hârtie
paper

a scrie
write

instrument de scris
pen

masă de birou
desk

riglă
ruler

carte
book

elev
pupil

ghiozdan
satchel

penar
pencil case

creion
pencil

ascuțitoare
pencil sharpener

radieră
rubber

bloc de desen
drawing pad

desen

drawing

pensulă

paintbrush

cutie de acuarele

paint box

foarfece

scissors

lipici

glue

caiet de exerciții

exercise book

temă

homework

număr

number

2+2

a aduna

add

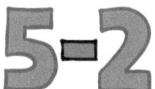

a scădea

subtract

a multiplica

multiply

a calcula

calculate

literă

letter

alfabet

alphabet

cuvânt

word

text

text

a citi

read

cretă

chalk

oră

lesson

catalog

register

examen

examination

certificat

certificate

uniformă școlară

school uniform

educație

education

enciclopedie

encyclopedia

universitate

university

microscop

microscope

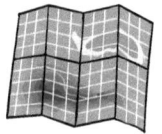

hartă

map

coș de gunoi

waste-paper basket

călătorie
travel

hotel
hotel
Grand
hostel
hostel
ROOMS
EXCHANGE
casă de schimb valutar
currency exchange office
valiză
suitcase
autovehicul
car

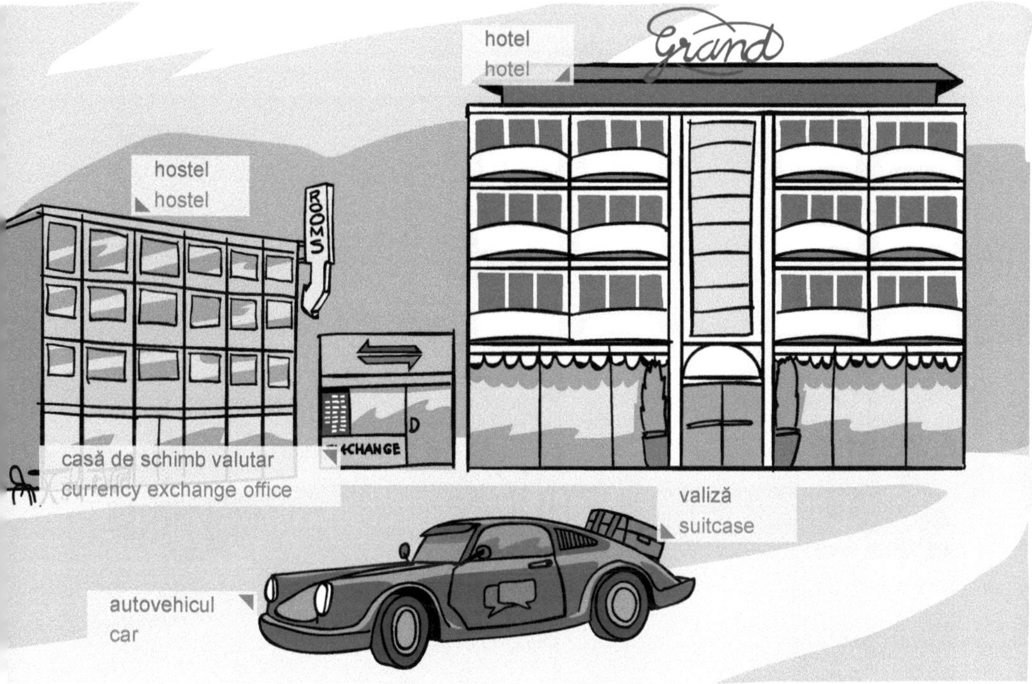

limbă

language

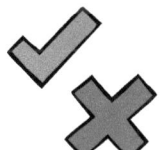

da/nu

yes / no

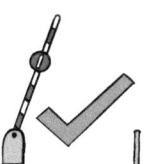

okay

Okay

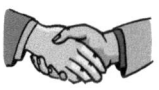

Bună!

hello

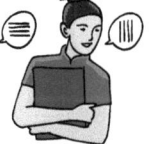

interpret

translator

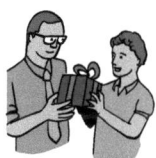

mulțumesc

Thank you

Cât costă...?

how much is...?

Nu înțeleg

I don´t get it

problemă

problem

Bună seara!

Good evening!

Bună dimineața!

Good morning!

Noapte bună!

Good night!

la revedere

goodbye

direcție

direction

bagaj

luggage

geantă

bag

rucsac

backpack

oaspete

guest

cameră

room

sac de dormit

sleeping bag

cort

tent

punct de informare turistică

tourist information

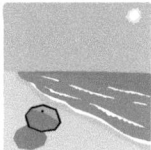

plajă

beach

carte de credit

credit card

mic dejun

breakfast

masa de prânz

lunch

cină

dinner

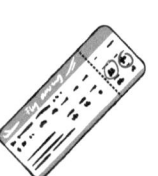

bilet de călătorie

Ticket

lift

elevator

timbru poștal

stamp

graniță

border

vamă

customs

ambasadă

embassy

viză

visa

pașaport

passport

călătorie - travel

transport

transport

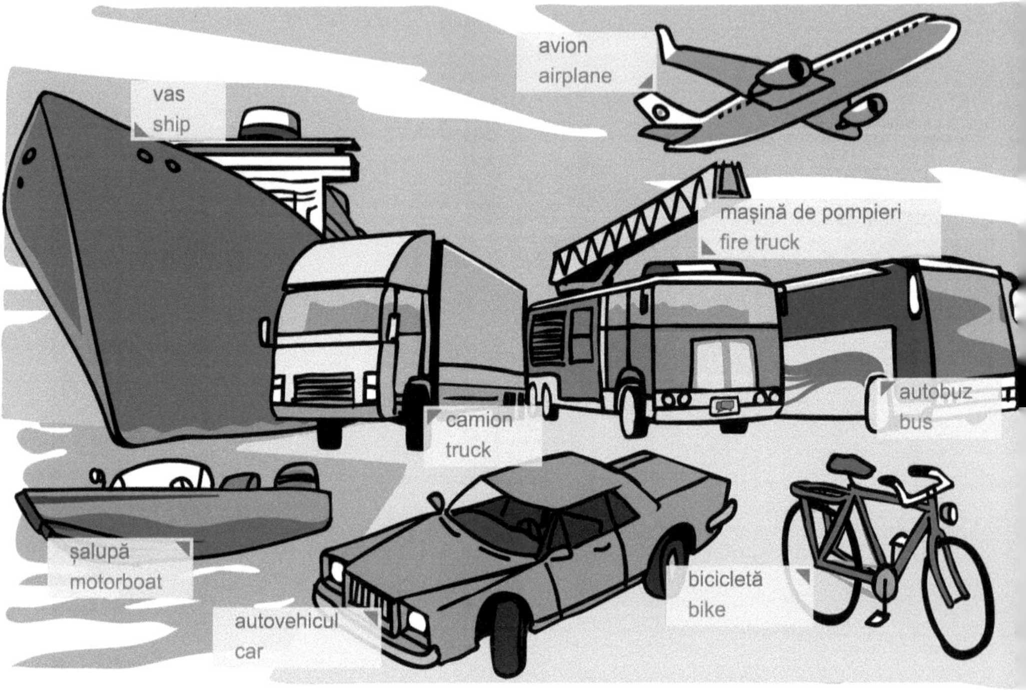
avion
airplane
vas
ship
mașină de pompieri
fire truck
autobuz
bus
camion
truck
șalupă
motorboat
bicicletă
bike
autovehicul
car

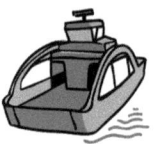

feribot

ferry

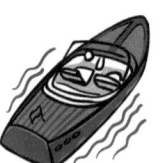

barcă

boat

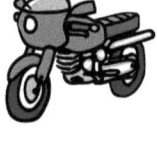

motocicletă

motorbike

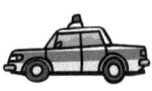

mașină de poliție

police car

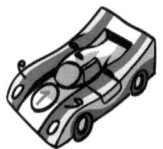

mașină de curse

racing car

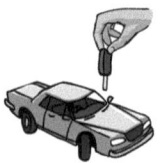

mașină închiriată

rental car

car sharing

car sharing

mașină de tractat

tow truck

mașină de gunoi

garbage truck

motor

engine

combustibil

fuel

benzinărie

fuel station

semn de circulație

traffic sign

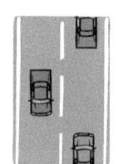

trafic

traffic

ambuteiaj

traffic jam

parcare

parking lot

gară

train station

șine

tracks

tren

train

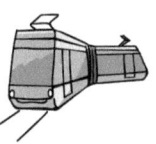

tramvai

tram

vagon

wagon

elicopter

helicopter

aeroport

airport

turn

tower

pasager

passenger

container

container

carton

carton

căruță

cart

coş

basket

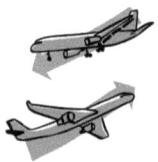

a decola/a ateriza

take off / land

oraş

city

sat

village

centru

city center

casă

house

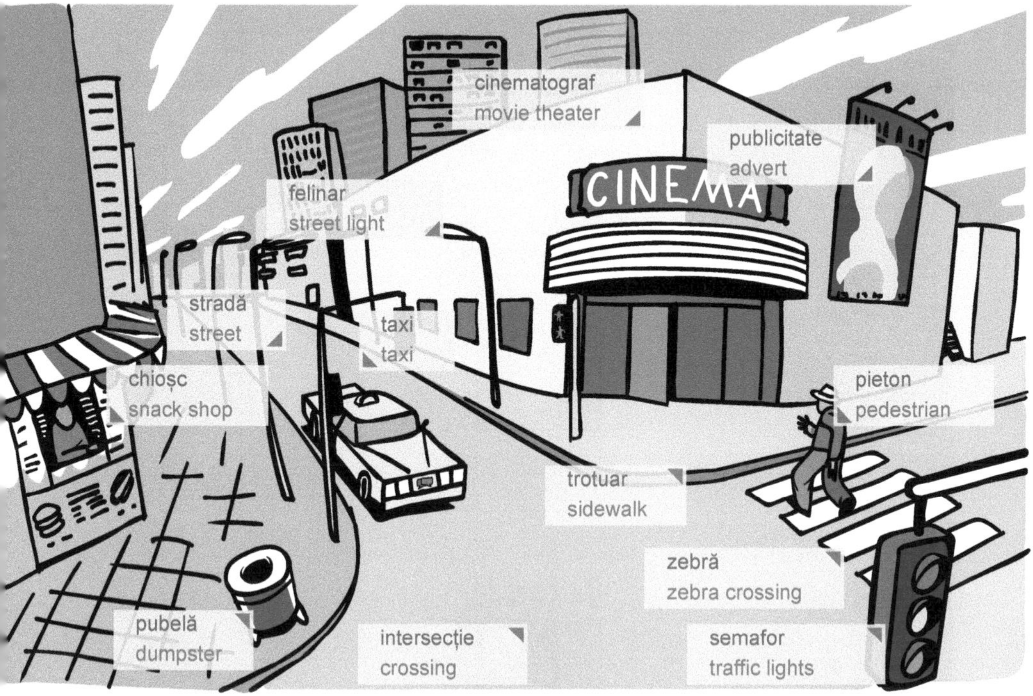

cinematograf
movie theater

publicitate
advert

felinar
street light

CINEMA

stradă
street

taxi
taxi

chioșc
snack shop

pieton
pedestrian

trotuar
sidewalk

zebră
zebra crossing

pubelă
dumpster

intersecție
crossing

semafor
traffic lights

cabană

hut

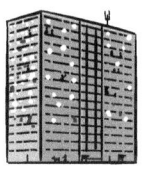

apartament

apartment

gară

train station

primărie

city hall

muzeu

museum

școală

school

universitate

university

bancă

bank

spital

hospital

hotel

hotel

farmacie

pharmacy

birou

office

librărie

book shop

magazin

shop

florărie

flower shop

supermarket

supermarket

piață

market

magazin universal

department store

comerciant de pește

fishmonger's shop

centru comercial

mall

port

harbor

parc

park

bancă

bench

pod

bridge

trepte

stairs

metrou

subway

tunel

tunnel

stație de autobuz

bus stop

bar

bar

restaurant

restaurant

cutie poștală

postbox

tăbliță indicatoare cu
numele străzii

street sign

parcometru

parking meter

grădină zoologică

zoo

piscină

swimming pool

moschee

mosque

gospodărie țărănească

farm

poluare

pollution

cimitir

cemetery

biserică

church

loc de joacă

playground

templu

temple

peisaj
landscape

frunză
leaf

indicator
signpost

drum
path

pajiște
meadow

piatră
stone

copac
tree

drumeț
hiker

râu
river

floare
flower

iarbă
grass

vale

valley

deal

hill

lac

lake

pădure

forest

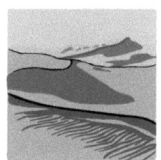

deșert

desert

vulcan

volcano

castel

castle

curcubeu

rainbow

ciupercă

mushroom

palmier

palm tree

țânțar

mosquito

muscă

fly

furnică

ant

albină

bee

păianjen

spider

peisaj - landscape

gândac

beetle

broască

frog

veveriță

squirrel

arici

hedgehog

iepure

hare

bufniță

owl

pasăre

bird

lebădă

swan

porc mistreț

boar

cerb

deer

elan

moose

dig

dam

turbină eoliană

wind turbine

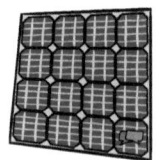

panou solar

solar panel

climă

climate

restaurant

restaurant

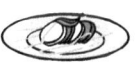

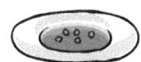

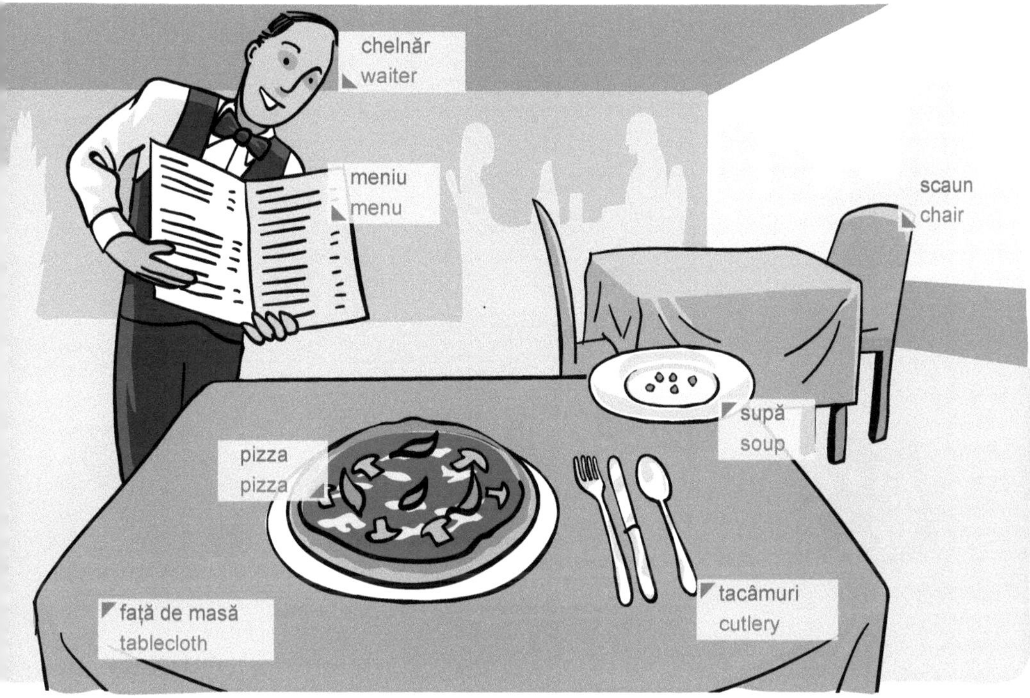
chelnăr
waiter
meniu
menu
scaun
chair
supă
soup
pizza
pizza
tacâmuri
cutlery
față de masă
tablecloth

antreu

starter

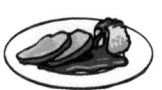

fel principal

main course

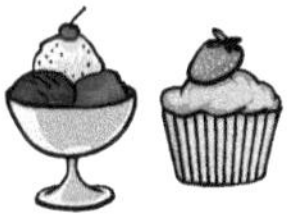

desert

dessert

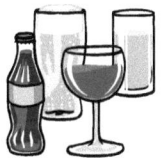

băuturi

drinks

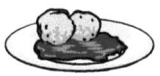

mâncare

food

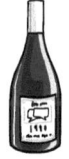

sticlă

bottle

fastfood

fast food

streetfood

street food

ceainic

teapot

zaharniță

sugar bowl

porție

portion

espressor

espresso machine

scaun înalt (pentru copii)

high chair

factură

bill

tavă

tray

cuțit

knife

furculiță

fork

lingură

spoon

linguriță

teaspoon

șervețel

serviette

pahar

glass

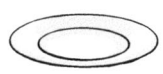

farfurie
plate

farfurie de supă
soup plate

farfurie
saucer

sos
sauce

solniță
salt shaker

râșniță de piper
pepper mill

oțet
vinegar

ulei
oil

condimente
spices

ketchup
ketchup

muștar
mustard

maioneză
mayonnaise

supermarket

supermarket

ofertă
special offer
FOR
client
customer
produse lactate
dairy products
fructe
fruit
cărucior de cumpărături
shopping cart

BUTCHERS

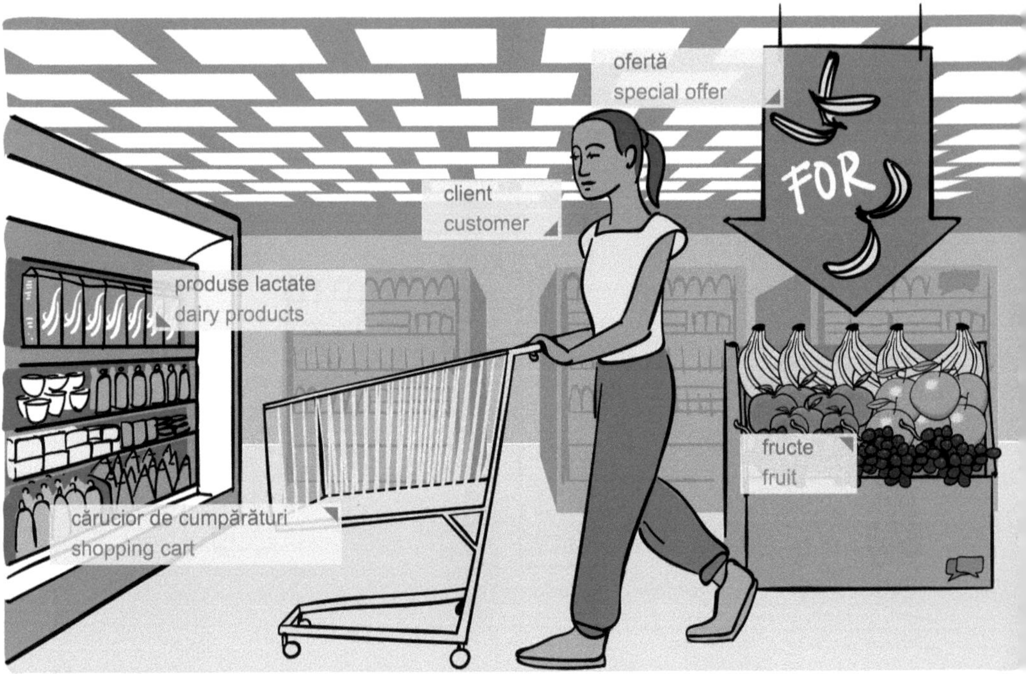

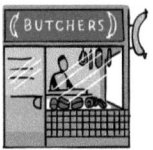

măcelărie

butcher's shop

BAKERY

brutărie

bakery

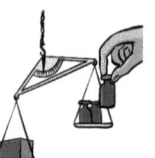

a cântări

weigh

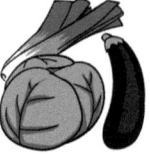

legume

vegetables

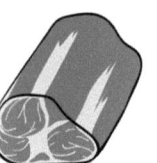

carne

meat

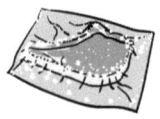

alimente refrigerate

frozen food

mezeluri și brânzeturi feliate

cold cuts

conserve

canned food

detergent

detergent

dulciuri

candy

articole de menaj

household products

produse de curățenie

cleaning products

vânzătoare

sales representative

casă

cash register

casier

cashier

listă de cumpărături

shopping list

orar

opening hours

portmoneu

wallet

carte de credit

credit card

geantă

bag

pungă de plastic

plastic bag

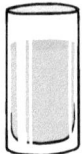

apă

water

suc

juice

lapte

milk

cola

coke

vin

wine

bere

beer

alcool

alcohol

cacao

cocoa

ceai

tea

cafea

coffee

espresso

espresso

cappucino

cappuccino

banane

banana

măr

apple

portocală

orange

pepene

melon

lămâie

lemon

morcov

carrot

usturoi

garlic

bambus

bamboo

ceapă

onion

ciupercă

mushroom

nuci

nuts

paste făinoase

noodles

spagheti

spaghetti

orez

rice

salată

salad

cartofi prăjiți

fries

cartofi țărănești

fried potatoes

pizza

pizza

hamburger

hamburger

sandwich

sandwich

șnițel

escalope

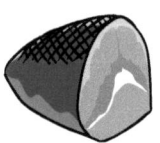

șuncă

ham

salam

salami

cârnați

sausage

pui

chicken

friptură

roast

pește

fish

fulgi de ovăz

porridge oats

musli

muesli

cereale

cornflakes

făină

flour

corn

croissant

chifle

bread roll

pâine

bread

pâine prăjită

toast

biscuiți

cookies

unt

butter

brânză de vaci

curd

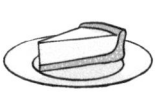

prăjitură

cake

ou

egg

ouă ochiuri

fried egg

brânză

cheese

mâncare - food

înghețată

ice cream

zahăr

sugar

miere

honey

marmeladă

jelly

cremă nuga

nougat cream

curry

curry

gospodărie ţărănească
farm

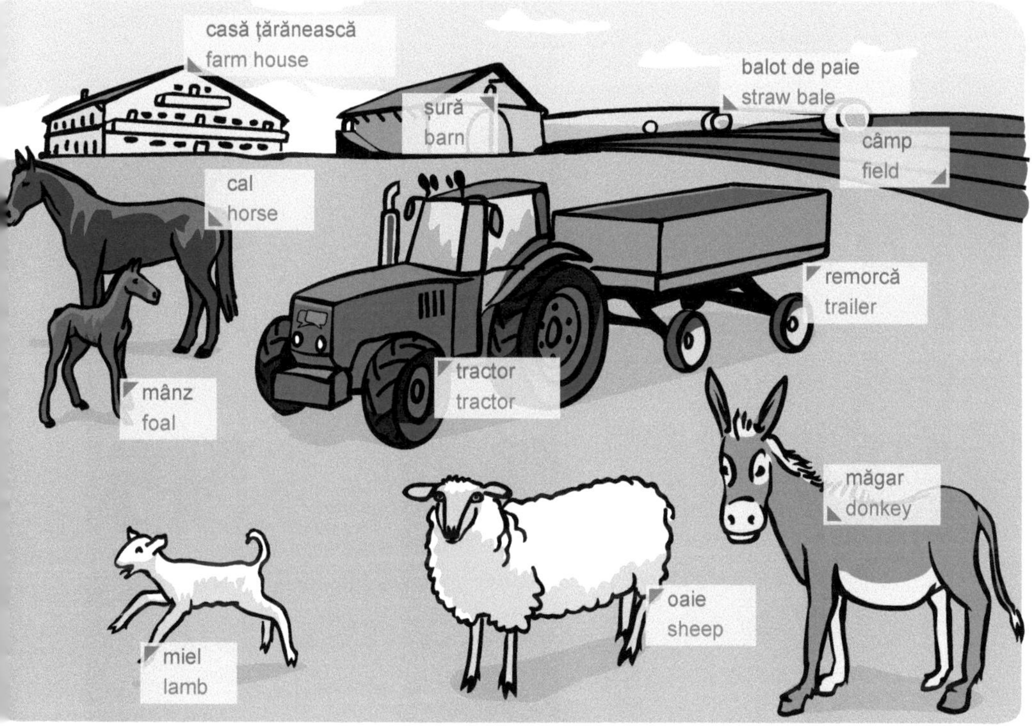

casă ţărănească
farm house
balot de paie
straw bale
şură
barn
câmp
field
cal
horse
remorcă
trailer
mânz
foal
tractor
tractor
măgar
donkey
oaie
sheep
miel
lamb

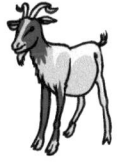

capră
goat

vacă
cow

viţel
calf

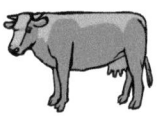

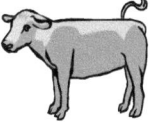

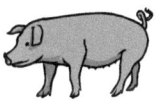

porc
pig

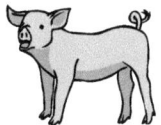

purcel
piglet

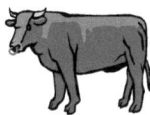

taur
bull

găină
goose

rață
duck

pui
chick

găină
hen

cocoș
cockerel

șobolan
rat

pisică
cat

șoarece
mouse

bou
ox

câine
dog

cușcă
dog house

furtun de grădină
garden hose

stropitoare
watering can

coasă
scythe

plug
plow

seceră

sickle

sapă

hoe

furcă

pitchfork

secure

axe

roabă

pushcart

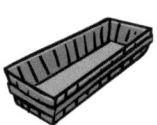

troacă

trough

cană pentru lapte

milk can

sac

sack

gard

fence

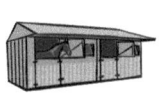

grajd

stable

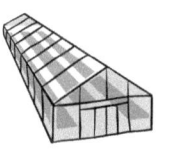

seră

greenhouse

sol

soil

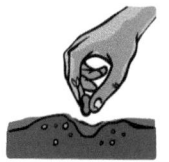

sămânță

seed

fertilizator

fertilizer

combină de treierat

combine harvester

a culege

harvest

recoltă

harvest

cartof yam

yams

grâu

wheat

soia

soya

cartof

potato

porumb

corn

rapiță

rapeseed

pom fructifer

fruit tree

manioc

manioc

cereale

grain

casă

house

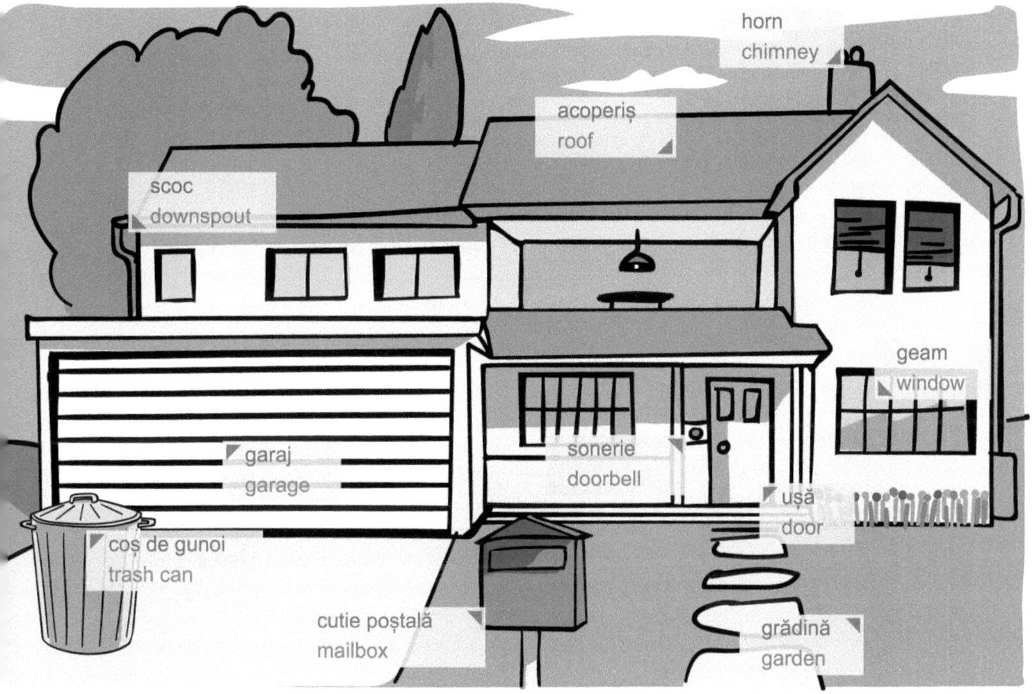
horn
chimney
acoperiș
roof
scoc
downspout
geam
window
garaj
garage
sonerie
doorbell
ușă
door
coș de gunoi
trash can
cutie poștală
mailbox
grădină
garden

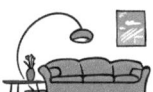

cameră de zi

living room

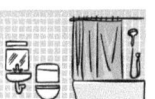

baie

bathroom

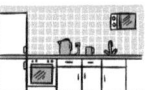

bucătărie

kitchen

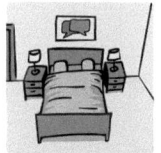

dormitor

bedroom

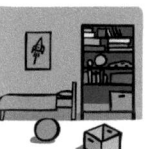

camera copiilor

kids room

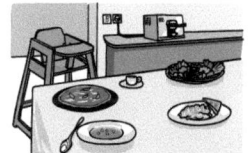

sufragerie

dining room

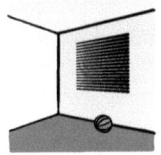

podea

floor

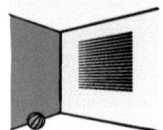

perete

wall

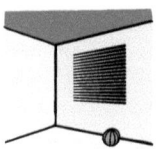

tavan

ceiling

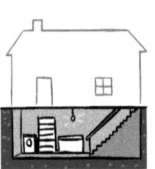

pivniță

cellar

saună

sauna

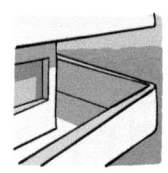

balcon

balcony

terasă

terrace

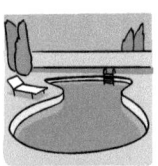

piscină

pool

mașină de tuns iarba

lawn mower

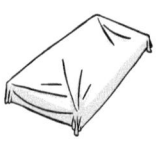

cearșaf

sheet

cuvertură

bedspread

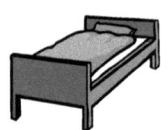

pat

bed

mătură

broom

găleată

bucket

întrerupător

switch

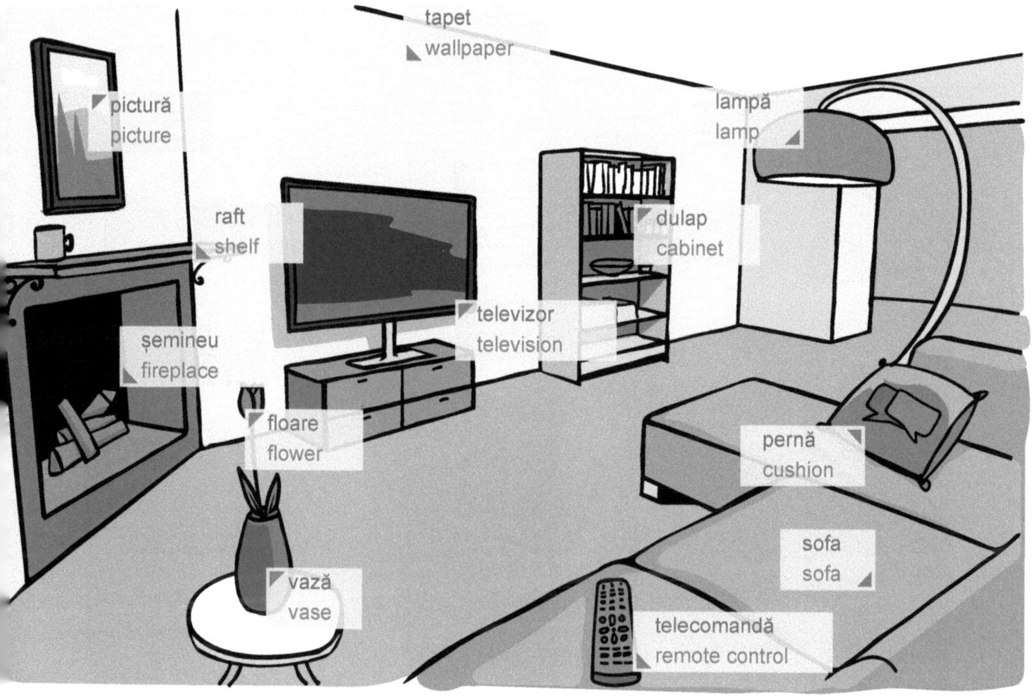

tapet
wallpaper

pictură
picture

lampă
lamp

raft
shelf

dulap
cabinet

șemineu
fireplace

televizor
television

floare
flower

pernă
cushion

sofa
sofa

vază
vase

telecomandă
remote control

covor
carpet

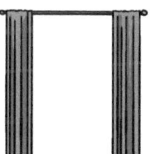

perdea
drape

masă
table

scaun
chair

balansoar
rocking chair

fotoliu
armchair

carte

book

pătură

blanket

decoraţiune

decoration

lemn de foc

firewood

film

film

instalaţie stereo

stereo system

cheie

key

ziar

newspaper

desen

painting

poster

poster

radio

radio

caiet de notiţe

notebook

aspirator

vacuum cleaner

cactus

cactus

lumânare

candle

bucătărie
kitchen

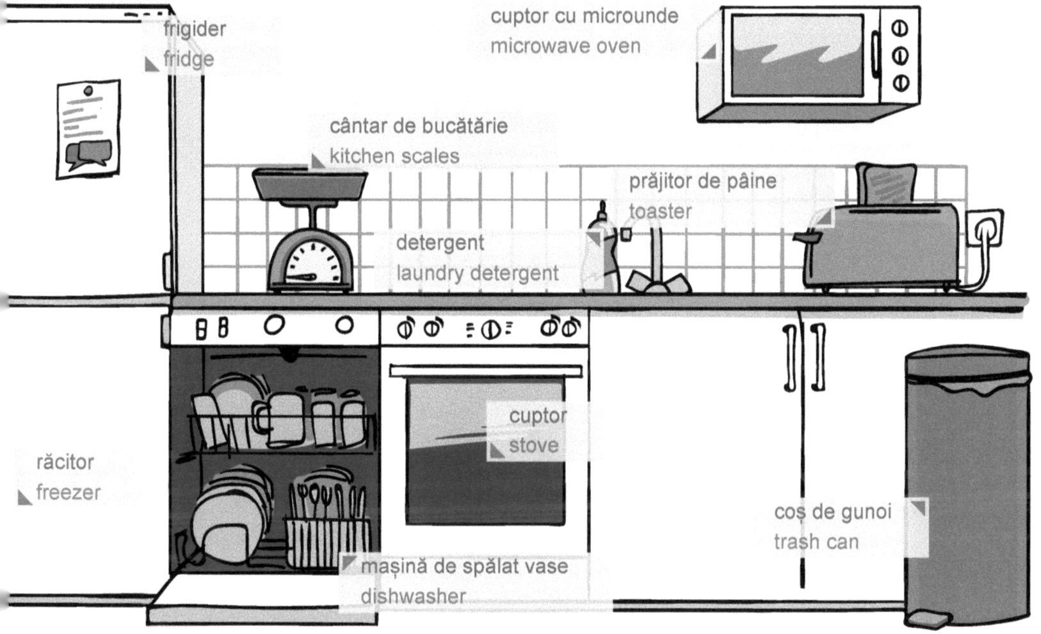

frigider
fridge
cuptor cu microunde
microwave oven
cântar de bucătărie
kitchen scales
prăjitor de pâine
toaster
detergent
laundry detergent
cuptor
stove
răcitor
freezer
coș de gunoi
trash can
mașină de spălat vase
dishwasher

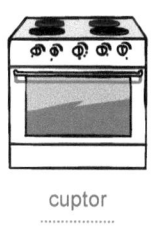

cuptor

cooker

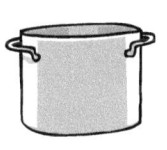

oală

pot

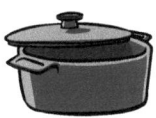

oală de metal

cast-iron pot

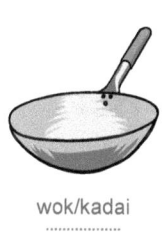

wok/kadai

wok / kadai

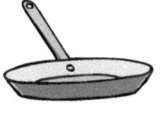

tigaie

pan

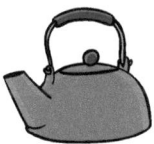

ceainic

kettle

oală de gătit cu aburi

steamer

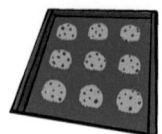

tavă de copt

baking tray

veselă

crockery

pahar

mug

bol

bowl

bețișoare

chopsticks

polonic

ladle

spatulă

spatula

tel

whisk

sită

strainer

sită

sieve

răzătoare

grater

mojar

mortar

grătar

barbecue

loc pentru grătar

fireplace

tocător

chopping board

sucitor

rolling pin

tirbușon

corkscrew

conservă

can

deschizător de conserve

can opener

șervete termice

oven cloth

chiuvetă

sink

perie

brush

burete

sponge

mixer

blender

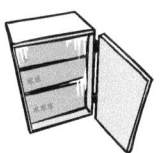

ladă frigorifică

deep freezer

biberon

baby bottle

robinet

tap

baie

bathroom

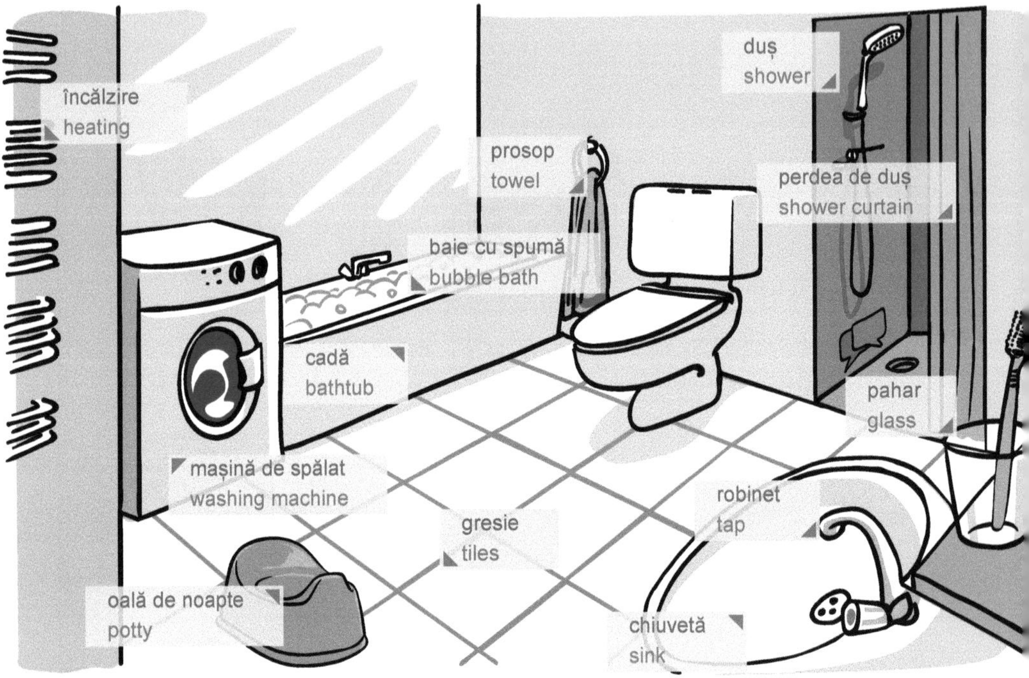

încălzire
heating
prosop
towel
duș
shower
perdea de duș
shower curtain
baie cu spumă
bubble bath
cadă
bathtub
pahar
glass
mașină de spălat
washing machine
robinet
tap
gresie
tiles
oală de noapte
potty
chiuvetă
sink

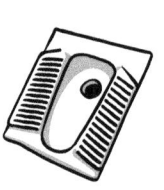

toaletă

toilet

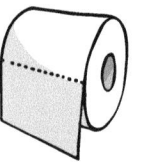

toaletă turcescă

squat toilet

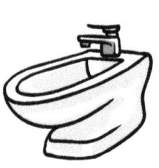

bideu

bidet

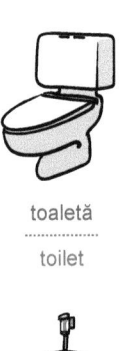

pisoir

urinal

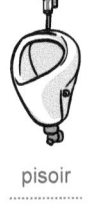

hârtie igienică

toilet paper

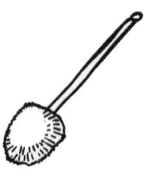

perie de toaletă

toilet brush

periuță de dinți

toothbrush

pastă de dinți

toothpaste

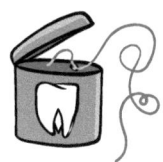

ață dentară

dental floss

a spăla

wash

cap de duș

hand shower

duș intim

douche

lavoar

basin

perie pentru spate

back brush

săpun

soap

gel de duș

shower gel

șampon

shampoo

cârpă de spălat

flannel

scurgere

drain

cremă

creme

deodorant

deodorant

oglindă

mirror

oglindă cosmetică

hand mirror

aparat de ras

razor

spumă de ras

shaving foam

aftershave

aftershave

pieptene

comb

perie

brush

uscător de păr

hair-dryer

fixator

hairspray

machiaj

makeup

ruj

lipstick

lac de unghii

nail varnish

vată

cotton wool

foarfece de unghii

nail scissors

parfum

perfume

neseser

washbag

taburet

stool

cântar

weighing scales

halat de baie

bathrobe

mănuși de cauciuc

rubber gloves

tampon

tampon

tampon

sanitary towel

toaletă chimică

chemical toilet

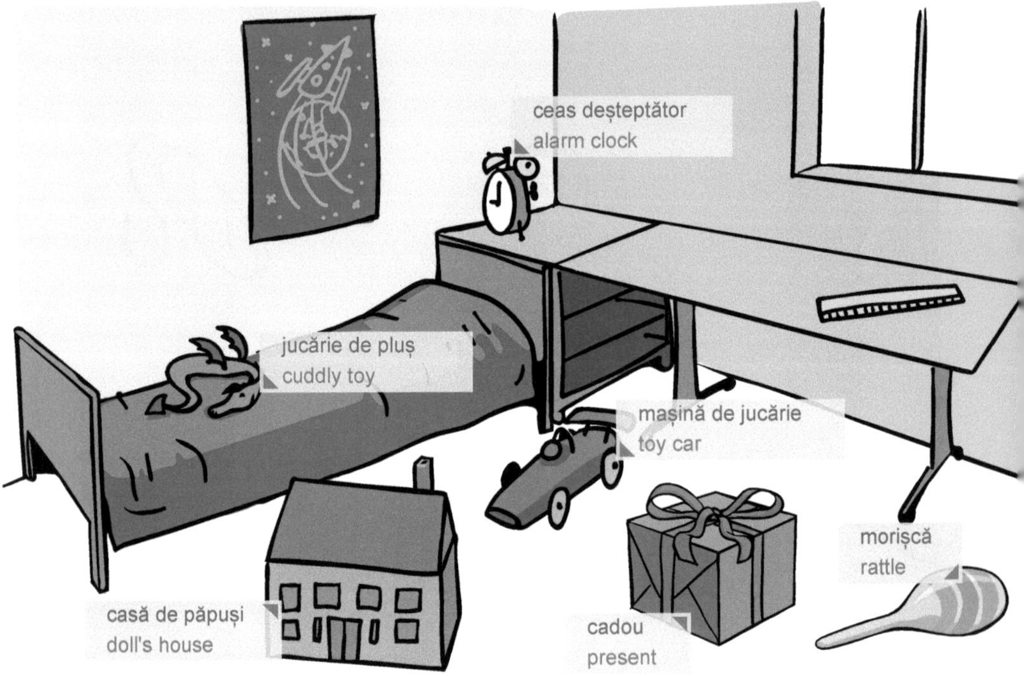

ceas deșteptător
alarm clock
jucărie de pluș
cuddly toy
mașină de jucărie
toy car
morișcă
rattle
casă de păpuși
doll's house
cadou
present

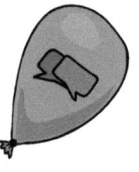

balon

balloon

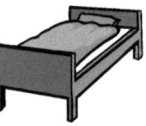

pat

bed

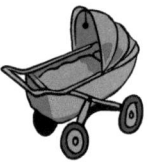

cărucior de copii

stroller

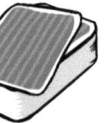

joc de cărți

deck of cards

puzzle

jigsaw

SUPER
MEGA

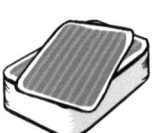

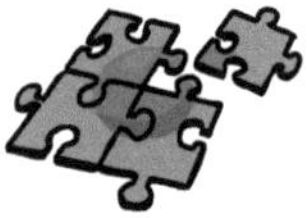

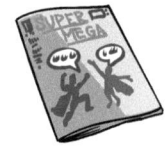

revistă de benzi desenate

comic

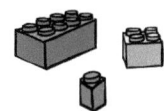

cuburi lego

lego bricks

piese pentru construcţii

toy blocks

personaj din filmele de acţiune

action figure

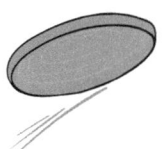

body

romper suit

frisbee

frisbee

mobil

mobile

joc de societate

board game

zar

dice

set trenuleţ de jucărie

model train set

suzetă

pacifier

petrecere

party

carte cu poze

picture book

minge

ball

păpuşă

doll

a se juca

play

groapă de nisip

sandpit

leagăn

swing

jucării

toys

consolă video

video game console

triciclă

tricycle

ursuleț

teddy bear

dulap

wardrobe

îmbrăcăminte

clothing

șosete

socks

ciorapi

stockings

dres

tights

şal
scarf

umbrelă
umbrella

tricou
t-shirt

curea
belt

cizme
boots

papuci
slippers

pantofi sport
sneakers

sandale

sandals

încălţăminte

shoes

cizme de cauciuc

rubber boots

chilot

underwear

sutien

bra

maiou

undershirt

îmbrăcăminte - clothing

body

body

pantaloni

pants

blugi

jeans

fustă

skirt

bluză

blouse

cămașă

shirt

pulover

pullover

jerseu

sweater

sacou

blazer

jachetă

jacket

palton

coat

pelerină de ploaie

raincoat

costum

costume

rochie

dress

rochie de mireasă

wedding dress

costum

suit

cămașă de noapte

nightgown

pijama

pajamas

sari

sari

batic

headscarf

turban

turban

burka

burka

caftan

kaftan

abaya

abaya

costum de baie

swimsuit

șort

trunks

pantaloni scurți

shorts

trening

tracksuit

șorț

apron

mănuși

gloves

nasture

button

ochelari

glasses

brățară

bracelet

lanț

necklace

inel

ring

cercel

earring

căciulă

cap

umeraș

coat hanger

pălărie

hat

cravată

tie

fermoar

zip

cască

helmet

bretele

braces

uniformă școlară

school uniform

uniformă

uniform

îmbrăcăminte - clothing

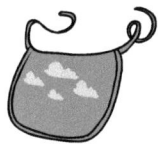

bavețică

bib

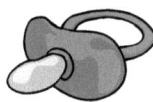

suzetă

pacifier

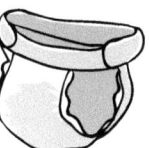

scutec

diaper

birou
office

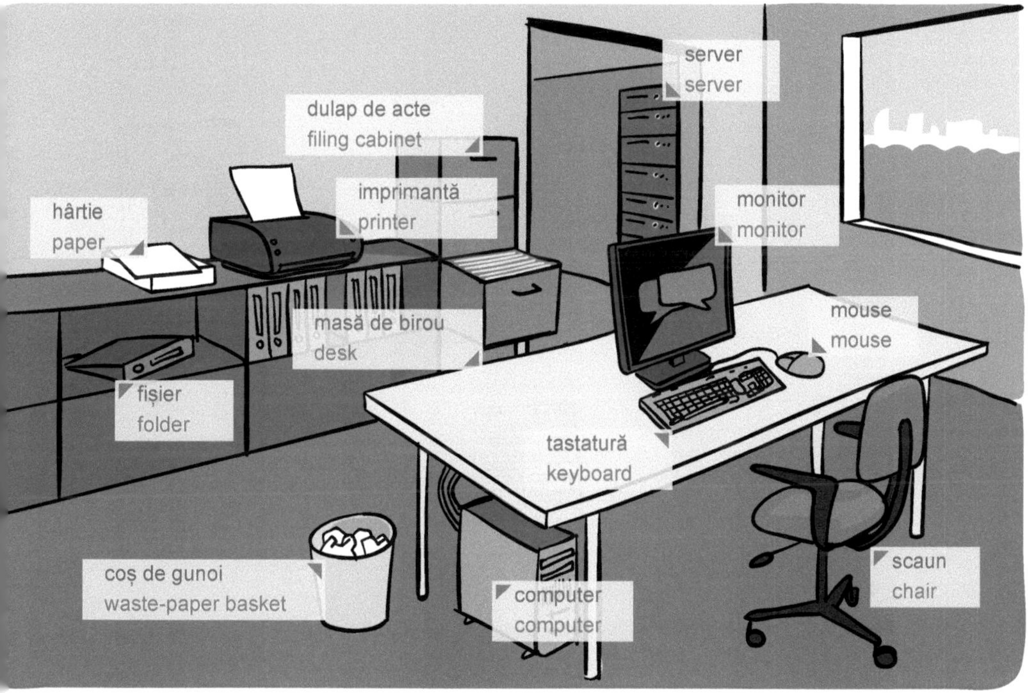
server
server
dulap de acte
filing cabinet
imprimantă
printer
hârtie
paper
monitor
monitor
mouse
mouse
masă de birou
desk
fișier
folder
tastatură
keyboard
coș de gunoi
waste-paper basket
computer
computer
scaun
chair

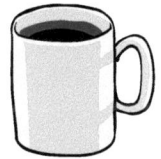

ceașcă de cafea

coffee mug

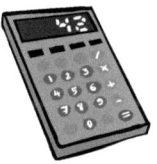

calculator

calculator

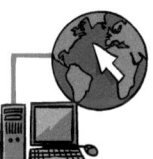

internet

internet

laptop
laptop

scrisoare
letter

mesaj
message

telefon mobil
cell phone

rețea
network

copiator
photocopier

software
software

telefon
telephone

priză
plug socket

fax
fax machine

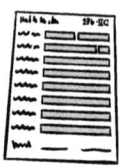

formular
form

document
document

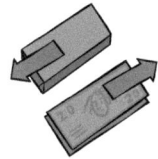

a cumpăra

buy

a plăti

pay

a face comerț

trade

bani

money

USD

Dolar

dollar

EUR

Euro

euro

JPY

Yen

yen

RUB

Rublă

rouble

CHF

Franc Elvețian

Swiss franc

CNY

renminbi yuan

renminbi yuan

INR

Rupie

rupee

bancomat

cash point

casă de schimb valutar

currency exchange office

aur

gold

argint

silver

petrol

oil

energie

energy

preț

price

contract

contract

impozit

tax

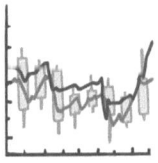

acțiune

stock

a munci

work

angajat

employee

angajator

employer

fabrică

factory

magazin

shop

ocupații
occupations

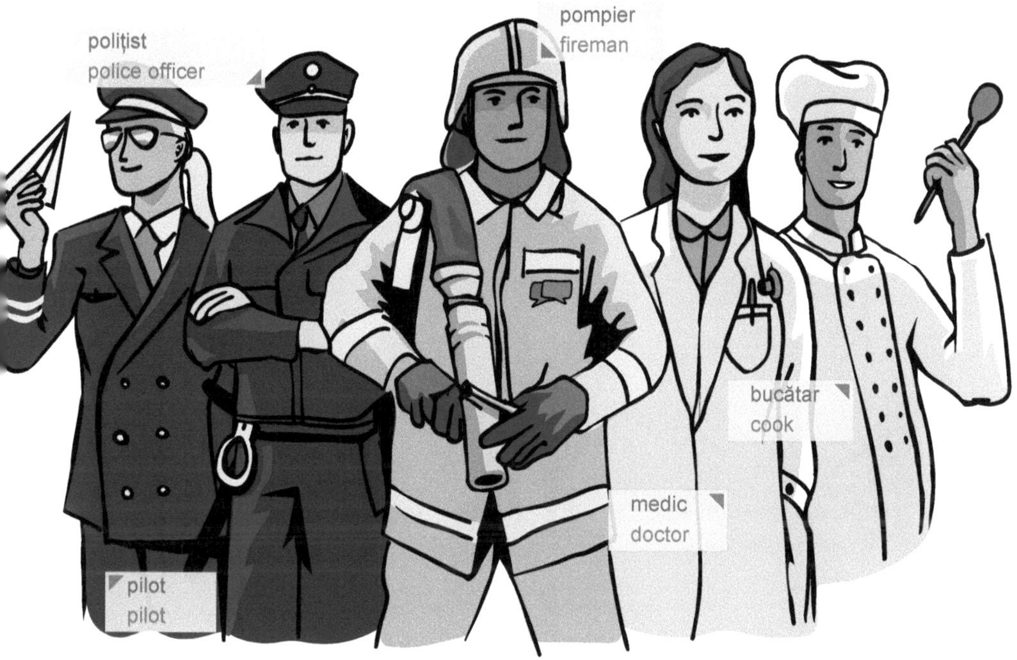

polițist
police officer
pompier
fireman
bucătar
cook
medic
doctor
pilot
pilot

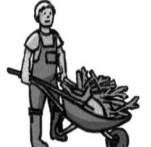

grădinar

gardener

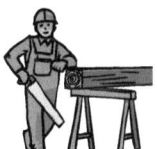

tâmplar

carpenter

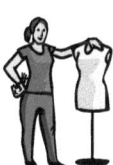

cusătoreasă

seamstress

judecător

judge

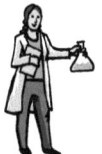

chimist

chemist

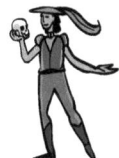

actor

actor

șofer de autobuz

bus driver

șofer de taxi

taxi driver

pescar

fisherman

femeie de serviciu

cleaning lady

tinichigiu

roofer

chelnăr

waiter

vânător

hunter

pictor

painter

brutar

baker

electrician

electrician

muncitor în construcții

builder

inginer

engineer

măcelar

butcher

instalator

plumber

poștaș

postman

soldat

soldier

arhitect

architect

casier

cashier

florar

florist

frizer

hairdresser

controlor

conductor

mecanic

mechanic

căpitan

captain

stomatolog

dentist

om de știință

scientist

rabin

rabbi

imam

imam

călugăr

monk

preot

pastor

instrumente

tools

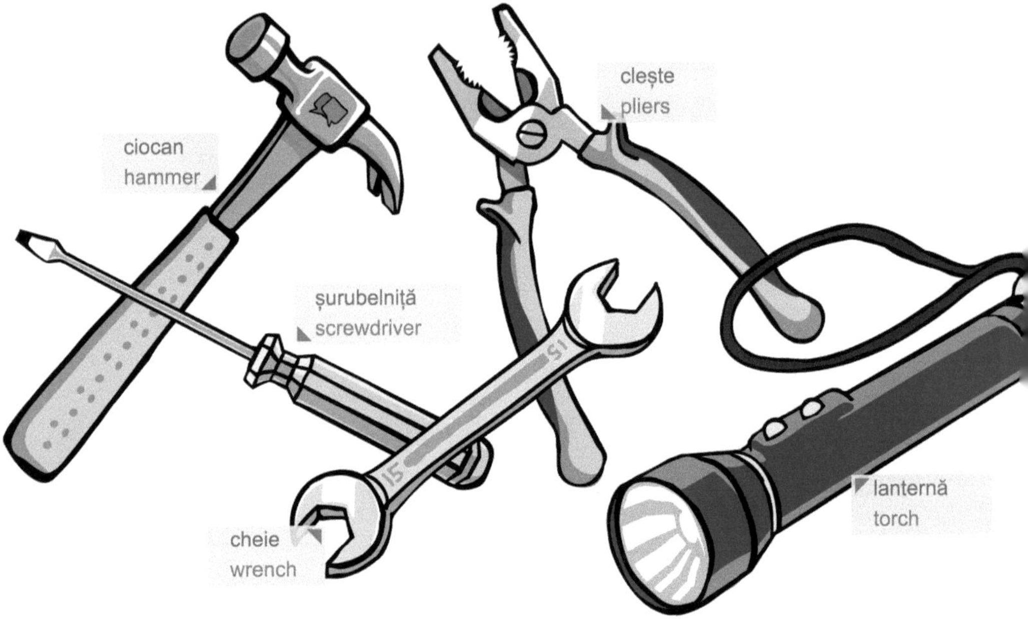

ciocan
hammer
clește
pliers
șurubelniță
screwdriver
cheie
wrench
lanternă
torch

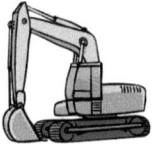

excavator

excavator

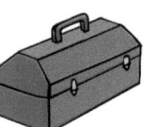

cutie de scule

toolbox

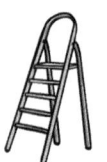

scară

ladder

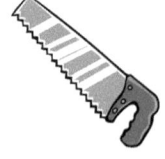

ferăstrău

saw

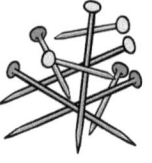

cuie

nails

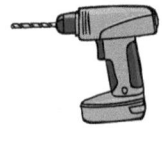

burghiu

drill

a repara
....
repair

lopată
....
shovel

La naiba!
....
Damn!

făraș
....
dustpan

vas pentru vopsea
....
paint can

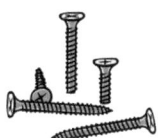

șuruburi
....
screws

instrumente muzicale
musical instruments

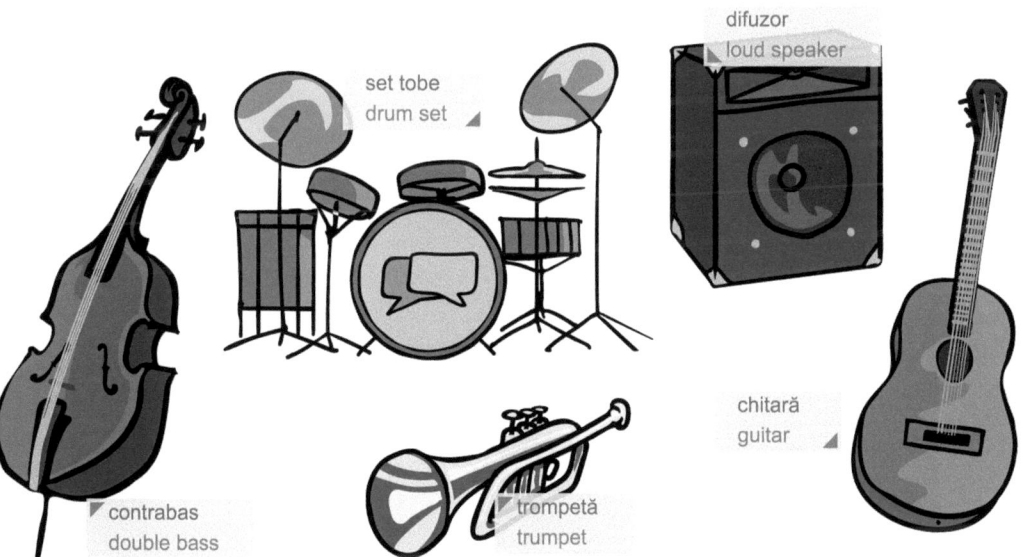

difuzor
loud speaker

set tobe
drum set

chitară
guitar

contrabas
double bass

trompetă
trumpet

pian
piano

vioară
violin

bas
bass

trombon
timpani

tobă
drums

keyboard
keyboard

saxofon
saxophone

fluier
flute

microfon
microphone

tigru
tiger

intrare
entrance

cuşcă
cage

zebră
zebra

mâncare pentru animale
animal feed

panda
panda

animale

animals

elefant

elephant

cangur

kangaroo

rinocer

rhino

gorilă

gorilla

urs

bear

cămilă

camel

struț

ostrich

leu

lion

maimuță

monkey

flamingo

flamingo

papagal

parrot

urs polar

polar bear

pinguin

penguin

rechin

shark

păun

peacock

șarpe

snake

crocodil

crocodile

îngrijitor grădina zoologică

zookeeper

focă

seal

jaguar

jaguar

grădină zoologică - zoo

ponei

pony

leopard

leopard

hipopotam

hippo

girafă

giraffe

acvilă

eagle

porc mistreț

boar

pește

fish

broască țestoasă

turtle

morsă

walrus

vulpe

fox

gazelă

gazelle

fotbal american
American football

ciclism
cycling

tenis
tennis

basketball
basketball

înot
swimming

box
boxing

hockey pe gheață
ice hockey

fotbal
soccer

badminton
badminton

atletism
athletics

handbal
handball

schi
skiing

polo
polo

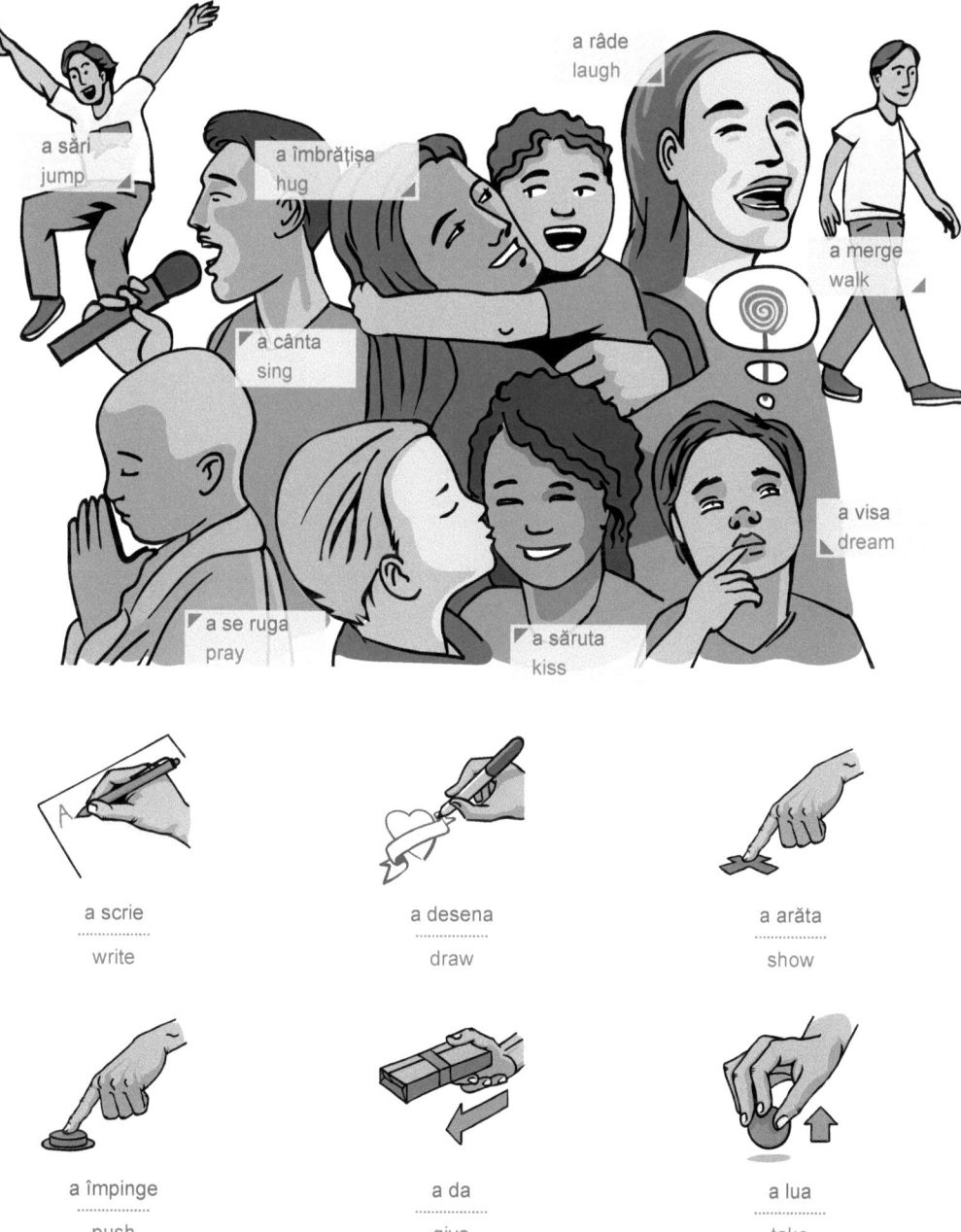

a râde
laugh

a sări
jump

a îmbrățișa
hug

a merge
walk

a cânta
sing

a visa
dream

a se ruga
pray

a săruta
kiss

a scrie
write

a desena
draw

a arăta
show

a împinge
push

a da
give

a lua
take

a avea
have

a face
do

a fi
be

a sta în picioare
stand

a fugi
run

a trage
pull

a arunca
throw

a cădea
fall

a sta întins
lie

a aștepta
wait

a purta
carry

a ședea
sit

a se îmbrăca
get dressed

a dormi
sleep

a se trezi
wake up

a privi

look at

a plânge

cry

a mângâia

stroke

a se pieptăna

comb

a vorbi

talk

a înțelege

understand

a întreba

ask

a asculta

listen

a bea

drink

a mânca

eat

a face ordine

tidy up

a iubi

love

a găti

cook

a conduce

drive

a zbura

fly

a naviga

sail

a calcula

calculate

a citi

read

a învăța

learn

a munci

work

a se căsători

marry

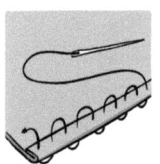

a coase

sew

a se spăla pe dinți

brush teeth

a ucide

kill

a fuma

smoke

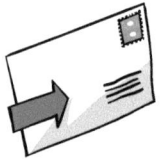

a trimite

send

familie
family

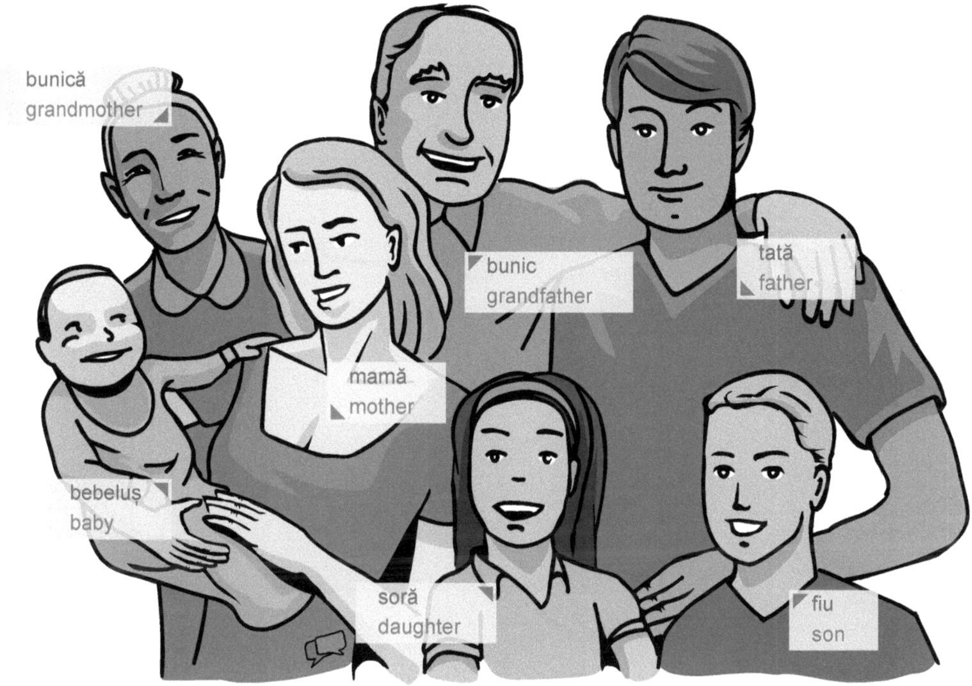

bunică
grandmother
bunic
grandfather
tată
father
mamă
mother
bebeluș
baby
soră
daughter
fiu
son

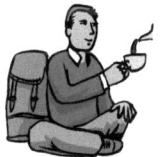

oaspete

guest

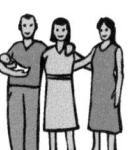

mătușă

aunt

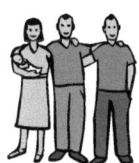

unchi

uncle

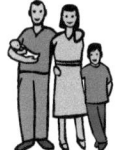

frate

brother

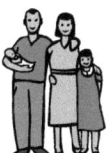

soră

sister

corp

body

frunte
forehead
ochi
eye
umăr
shoulder
deget
finger
față
face
bărbie
chin
mână
hand
picior
leg
piept
breast
braț
arm

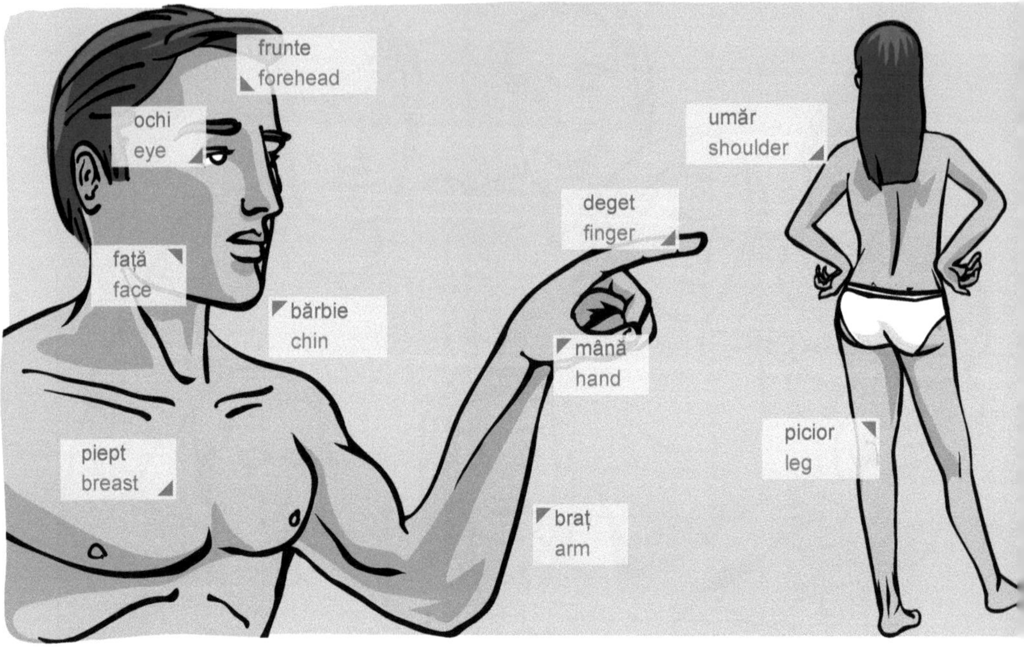

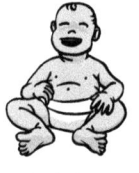

bebeluș

baby

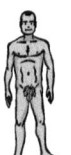

bărbat

man

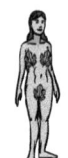

femeie

woman

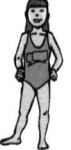

fată

girl

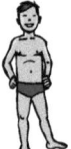

băiat

boy

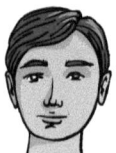

cap

head

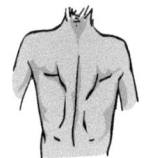

spate

back

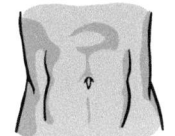

abdomen

belly

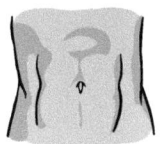

ombilic

navel

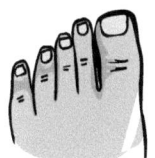

deget de la picior

toe

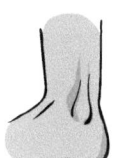

călcâi

heel

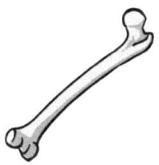

os

bone

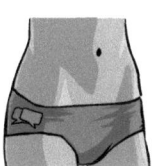

șold

hip

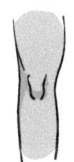

genunchi

knee

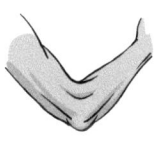

cot

elbow

nas

nose

fund

buttocks

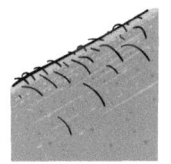

piele

skin

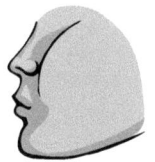

obraz

cheek

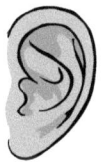

ureche

ear

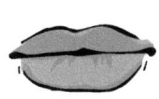

buză

lip

gură

mouth

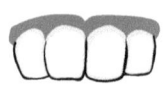

dinte

tooth

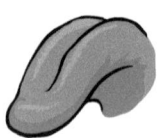

limbă

tongue

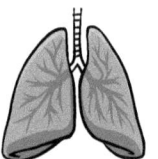

creier

brain

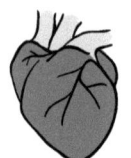

inimă

heart

mușchi

muscle

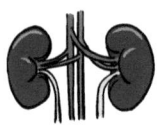

plămân

lung

ficat

liver

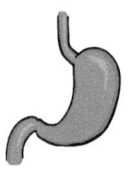

stomac

stomach

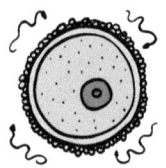

rinichi

kidneys

sex

sex

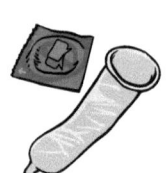

prezervativ

condom

ovul

ovum

spermă

semen

sarcină

pregnancy

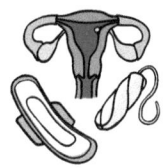

menstruație

menstruation

vagin

vagina

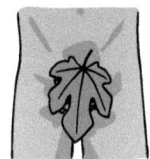

penis

penis

sprânceană

eyebrow

păr

hair

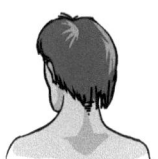

gât

neck

spital
hospital

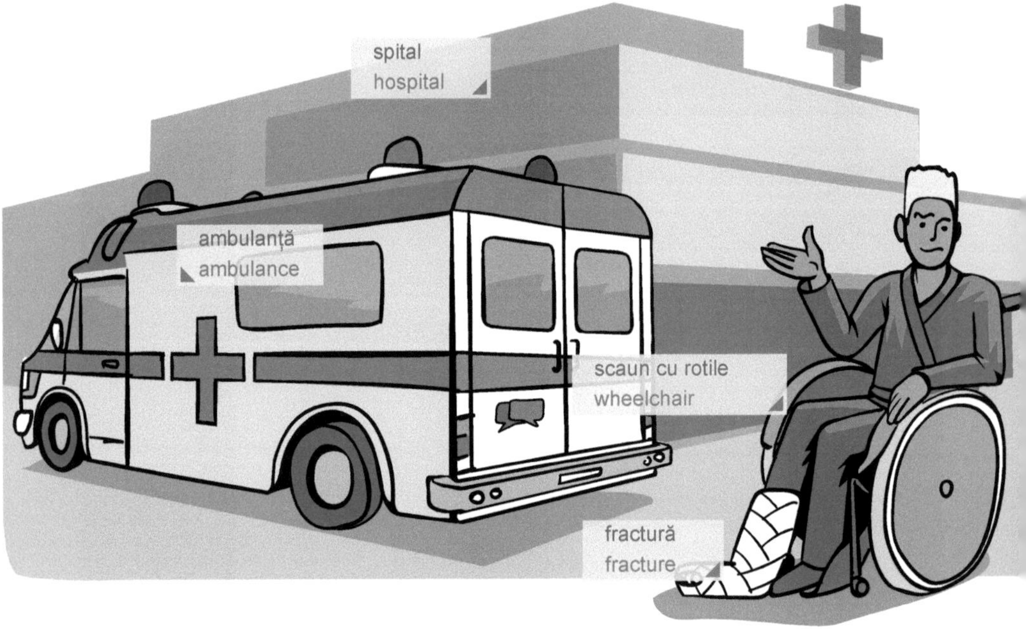

spital
hospital
ambulanță
ambulance
scaun cu rotile
wheelchair
fractură
fracture

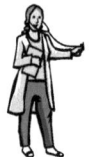

medic
doctor

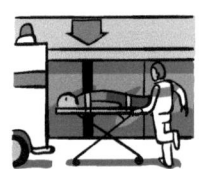

unitate de primiri urgențe
emergency room

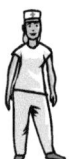

soră medicală
nurse

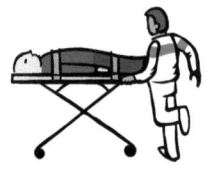

urgență
emergency

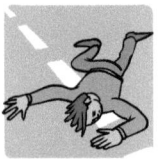

inconștient
unconscious

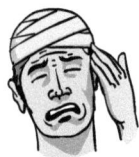

durere
pain

leziune

injury

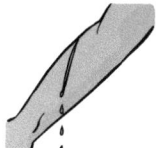

sângerare

bleeding

infarct miocardic

heart attack

atac cerebral

stroke

alergie

allergy

tuse

cough

febră

fever

gripă

flu

diaree

diarrhea

durere de cap

headache

cancer

cancer

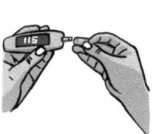

diabet

diabetes

chirurg

surgeon

scalpel

scalpel

operație

operation

CT

CT

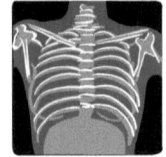

raze Röntgen

x-ray

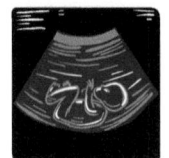

ultrasunet

ultrasound

mască

face mask

boală

disease

sală de așteptare

waiting room

cârjă

crutch

plasture

plaster

bandaj

bandage

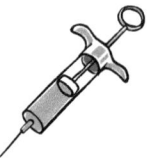

injecție

injection

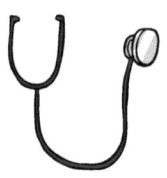

stetoscop

stethoscope

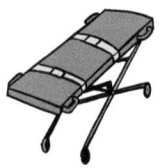

targă

stretcher

termometru

clinical thermometer

naștere

birth

supraponderabilitate

overweight

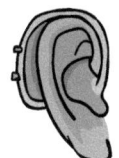

aparat auditiv

hearing aid

dezinfectant

disinfectant

infecție

infection

virus

virus

HIV/SIDA

HIV / AIDS

medicină

medicine

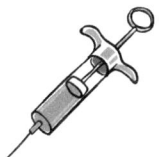

vaccin

vaccination

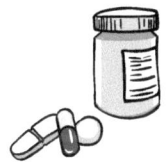

tablete

tablets

pastilă

pill

apel de urgență

emergency call

aparat de măsurare a
presiunii arteriale

blood pressure monitor

bolnav/sănătos

ill / healthy

Ajutor!

Help!

alarmă

alarm

agresiune

assault

atac

attack

pericol

danger

ieșire de urgență

emergency exit

Foc!

Fire!

extinctor

fire extinguisher

accident

accident

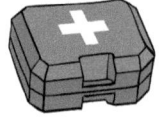

trusă de prim-ajutor

first-aid kit

SOS

SOS

poliție

police

Europa

Europe

America de Nord

North America

America de Sud

South America

Africa

Africa

Asia

Asia

Australia

Australia

Altantic

Atlantic

Pacific

Pacific

Oceanul Indian

Indian Ocean

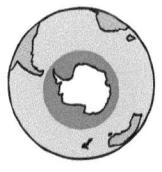

Oceanul Antarctic

Antarctic Ocean

Oceanul Arctic

Arctic Ocean

Polul Nord

North pole

Polul Sud

South pole

Antarctica

Antarctica

pământ

earth

țară

land

mare

sea

insulă

island

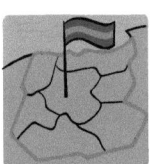

națiune

nation

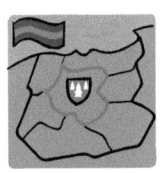

stat

state

cadran

clock face

orar

hour hand

minutar

minute hand

secundar

second hand

Cât e ceasul?

What time is it?

zi

day

timp

time

acum

now

cead digital

digital watch

minut

minute

oră

hour

săptămână
week

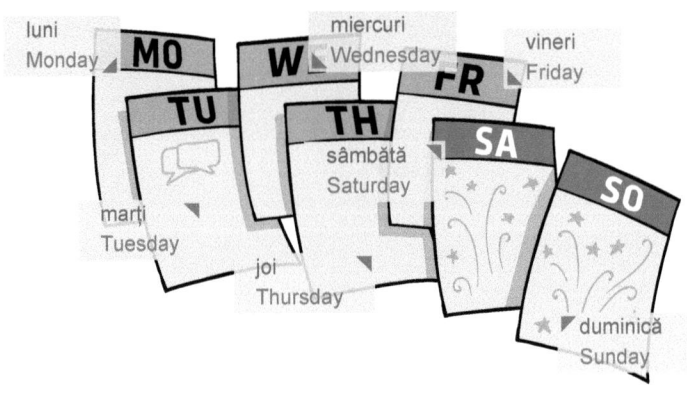

luni — Monday
marți — Tuesday
miercuri — Wednesday
joi — Thursday
vineri — Friday
sâmbătă — Saturday
duminică — Sunday

ieri
....
yesterday

azi
....
today

mâine
....
tomorrow

dimineață
....
morning

amiază
....
noon

seară
....
evening

MO	TU	WE	TH	FR	SA	SU
1	2	3	4	5	6	7
8	9	10	11	12	13	14
15	16	17	18	19	20	21
22	23	24	25	26	27	28
29	30	31	1	2	3	4

zile lucrătoare
....
workdays

MO	TU	WE	TH	FR	SA	SU
1	2	3	4	5	6	7
8	9	10	11	12	13	14
15	16	17	18	19	20	21
22	23	24	25	26	27	28
29	30	31	1	2	3	4

week-end
....
weekend

an
year

ploaie
rain
curcubeu
rainbow
vânt
wind
zăpadă
snow
primăvară
spring
vară
summer
toamnă
fall
iarnă
winter

4.APRIL 11°
5.APRIL 4°
6.APRIL 13°
7.APRIL 8°
8.APRIL 10°

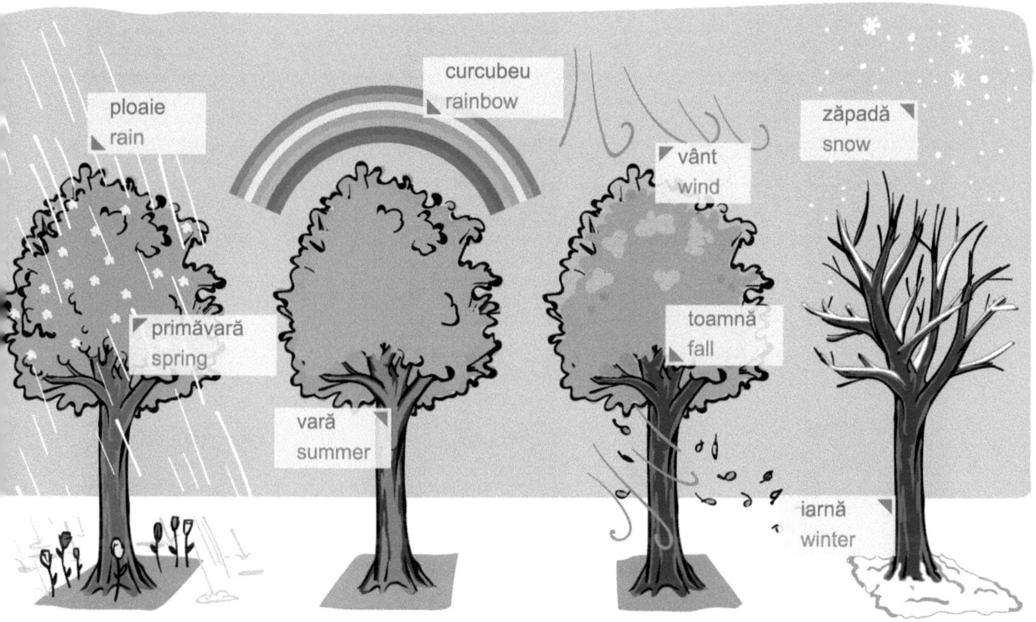

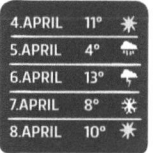

prognoză meteo
weather forecast

F
C
120
90
60
30
0
-30
40
30
20
10
0
-10
-20

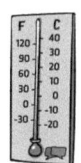

termometru
thermometer

lumina soarelui
sunshine

nor
cloud

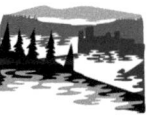

ceață
fog

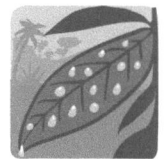

umiditate a aerului
humidity

fulger

lightning

tunet

thunder

furtună

storm

grindină

hail

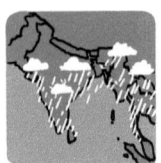

muson

monsoon

inundație

flood

gheață

ice

ianuarie

January

februarie

February

martie

March

aprilie

April

mai

May

iunie

June

iulie

July

august

August

an - year

septembrie

September

octombrie

October

noiembrie

November

decembrie

December

cerc

circle

pătrat

square

dreptunghi

rectangle

triunghi

triangle

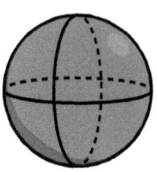

sferă

sphere

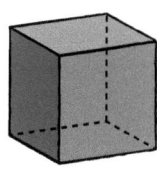

cub

cube

alb

white

galben

yellow

portocaliu

orange

roz

pink

roșu

red

violet

purple

albastru

blue

verde

green

maro

brown

gri

gray

negru

black

mult/puțin

a lot / a little

furios/calm

angry / calm

frumos/urât

beautiful / ugly

început/sfârșit

beginning / end

mare/mic

big / small

luminos/întunecat

bright / dark

frate/soră

brother / sister

curat/murdar

clean / dirty

complet/incomplet

complete / incomplete

zi/noapte

day / night

mort/viu

dead / alive

lat/strâmt

wide / narrow

comestibil/necomestibil

edible / inedible

rău/prietenos

evil / kind

emoționat/plictisit

excited / bored

gras/slab

fat / thin

primul/ultimul

first / last

prieten/inamic

friend / enemy

plin/gol

full / empty

tare/moale

hard / soft

greu/ușor

heavy / light

foame/sete

hunger / thirst

bolnav/sănătos

ill / healthy

ilegal/legal

illegal / legal

inteligent/stupid

intelligent / stupid

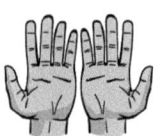

stânga/dreapta

left / right

aproape/departe

near / far

nou/uzat

new / used

nimic/ceva

nothing / something

bătrân/tânăr

old / young

pornit/oprit

on / off

deschis/închis

open / closed

încet/tare

quiet / loud

bogat/sărac

rich / poor

corect/fals

right / wrong

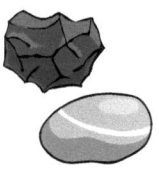

aspru/neted

rough / smooth

trist/fericit

sad / happy

lung/scurt

short / long

încet/repede

slow / fast

ud/uscat

wet / dry

cald/rece

warm / cool

război/pace

war / peace

0

zero

zero

1

unu

one

2

doi

two

3

trei

three

4

patru

four

5

cinci

five

6

șase

six

7

șapte

seven

8

opt

eight

9

nouă

nine

10

zece

ten

11

unsprezece

eleven

12
douăsprezece
twelve

13
treisprezece
thirteen

14
paisprezece
fourteen

15
cincisprezece
fifteen

16
șaisprezece
sixteen

17
șaptesprezece
seventeen

18
optsprezece
eighteen

19
nouăsprezece
nineteen

20
douăzeci
twenty

100
o sută
hundred

1.000
o mie
thousand

1.000.000
un milion
million

engleză

English

engleză americană

American English

chineza mandarină

Chinese Mandarin

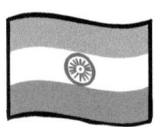

hindi

Hindi

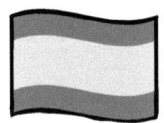

spaniolă

Spanish

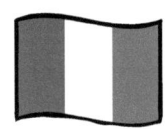

franceză

French

arabă

Arabic

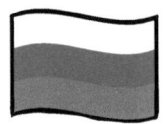

rusă

Russian

protugheză

Portuguese

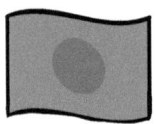

bengaleză

Bengali

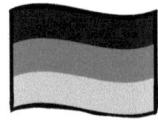

germană

German

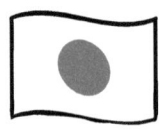

japoneză

Japanese

eu

I

tu

you

el/ea

he / she / it

noi

we

voi

you

ea

they

cine?

who?

ce?

what?

cum?

how?

unde?

where?

când?

when?

nume

name

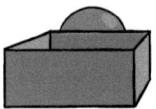

în spate

behind

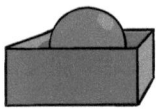

în

in

înainte

in front of

peste

over

pe

on

sub

under

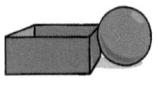

lângă

beside

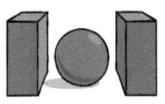

între

between

loc

place